D1849090

Auf die Schnelle, fertig, fein!

Wenig Zeit zum Einkaufen und Kochen? Trotzdem Lust auf ein leichtes Dinner for two mit besonderem Touch? 14 schnelle internationale Trend-Rezepte für anspruchsvolle Genießer, in maximal 30 Minuten fertig auf dem Tisch. Für Eilige und Berufstätige, die ein paar Dinge im Vorratsschrank haben und auf dem Heimweg noch schnell in einen Supermarkt flitzen.

QUICKIES

Gemüse-Wraps

Eine neue Fingerfood-Idee aus der amerikanischen Tex-Mex-Küche.

Schmeckt nur ganz frisch

Zutaten für 2 Personen:
200 g Möhren
1 Stange Staudensellerie
100 g Champignons
1/2 kleiner Romanasalat
8 kleine Cocktailtomaten
1 rote Zwiebel
1 walnußgroßes Stück frischer Ingwer (ersatzweise 1/4 TL Ingwerpulver)
2 EL Öl
Salz, schwarzer Pfeffer
4 vorgebackene Soft-Tortillas (16 cm Ø, Fertigprodukt, s. Tip)
Außerdem: Holzstäbchen/Zahnstocher

• Zubereitungszeit: 30 Min.

Pro Person etwa: 1205 kJ/290 kcal

!

Wenn Sie genügend Zeit haben, können Sie die Tortillas auch selber zubereiten. Das Rezept dazu finden Sie auf Seite 34. Die Füllung können Sie ganz nach Lust und Gemüseangebot variieren. Braten Sie auch mal etwas Hähnchen- oder Putenbrustfilet mit.

1

Möhren schälen, Sellerie waschen und putzen. Beides in kurze, feine Streifen (Juliennes) schneiden. Champignons putzen, in Scheiben schneiden. Romanasalat waschen, putzen, trockenschütteln und quer in fingerbreite Streifen schneiden. Tomaten waschen und halbieren. Zwiebel und Ingwer schälen, die Zwiebel in Ringe schneiden, den Ingwer fein hacken oder durch die Knoblauchpresse drücken (Seite 19).

2

In einer großen Pfanne mit hohem Rand oder in einem Wok das Öl erhitzen. Möhren, Sellerie, Pilze, Zwiebel und Ingwer darin bei starker Hitze unter ständigem Rühren 3 Min. braten. Romanasalat und Tomaten unterheben, noch 1 Min. mitbraten. Das Gemüse mit Salz und Pfeffer abschmecken.

3

Eine Pfanne ohne Fett erhitzen. Tortillas darin nacheinander auf jeder Seite je 1/2 Min. erhitzen.

4

Die heißen Tortillas in der Mitte mit dem Gemüse belegen, zu Tüten aufrollen und mit Holzstäbchen feststecken.

Eisberg-Papaya-Salat

Das unverwechselbare Aroma der Papaya sorgt für Frische und Raffinesse.

Vorspeise oder Imbiß

Zutaten für 2 Personen:
1/2 Kopf Eisbergsalat (etwa 200 g)
1 kleine weiße Zwiebel
1 rote Chilischote (frisch oder eingelegt)
2 EL Weißweinessig
3 EL Öl
3 EL Orangensaft
Salz
Tabascosauce
1 reife Papya (ersatzweise Mango)
100 g Roastbeef-Aufschnitt
Tortilla-Chips zum Servieren

• Zubereitungszeit: 20 Min.

Pro Person etwa: 1870 kJ/450 kcal

1

Eisbergsalat putzen, waschen und trokkenschütteln. Die Zwiebel schälen. Beides in möglichst dünne Streifen schneiden. Frische Chilischote waschen, putzen, entkernen und in dünne Streifen schneiden, eingelegte abgetropft in feine Ringe schneiden.

2

Essig, Öl, Orangensaft und etwas Salz zu einer Marinade verrühren, mit Tabasco abschmecken. Eisbergsalat, Zwiebel, Chilischote und Marinade vermischen.

3

Papaya schälen, längs halbieren und entkernen. Die Hälften in Spalten schneiden. Mit dem Roastbeef auf Tellern anrichten. Den Salat abschmecken und ebenfalls auf den Tellern verteilen. Mit Tortilla-Chips servieren.

!

Probieren Sie den Salat statt mit Papaya oder Mango auch mal mit feinen Spalten einer reifen aromatischen Avocado.

Austernpilz-Saltimbocca

Genießen Sie diesen Imbiß mit einem Glas leichten, frischen Weißwein.

Schmeckt nur ganz frisch

Zutaten für 2 Personen:
8 große oder 14–16 kleine Austernpilze
8–16 frische Salbeiblätter
4 Scheiben Parmaschinken (etwa 50 g)
schwarzer Pfeffer
1 EL Butter
1 EL Olivenöl
2 kleine Fladenbrote zum Servieren
Außerdem: Holzstäbchen (Zahnstocher)

- Zubereitungszeit: 25 Min.

Pro Person etwa: 1780 kJ/430 kcal

1

Austernpilze putzen und mit Küchenpapier oder einem Backpinsel sorgfältig abwischen (Seite 18). Die Pilzstiele abschneiden. Salbeiblätter waschen und gut trockentupfen.

2

Für große Pilze die Schinkenscheiben quer halbieren, für kleine in zweifingerbreite Streifen schneiden. Die Lamellenseiten der Pilze pfeffern. Darauf je 1 Stück Schinken und 1 Salbeiblatt legen, mit Holzstäbchen feststecken.

3

In einer großen Pfanne Butter und Öl mittelstark erhitzen. Die Pilze darin zuerst mit der Salbei-Schinken-Seite 3–5 Min. braten. Umdrehen, dann auf der anderen Seite weitere 3–5 Min. braten. Sofort mit Fladenbrot servieren.

!

Falls Sie keine frischen Salbeiblätter bekommen, bestreuen Sie die Pilze stattdessen nach dem Pfeffern mit etwas getrocknetem Thymian.

Hähnchenflügel mit Paprikacreme

Ein scharfer Snack für die »Happy Hour« nach einem turbulenten Tag.

Schmeckt nur ganz frisch

Zutaten für 2 Personen:
1 unbehandelte Zitrone
8 große Hähnchenflügel (600–800 g)
3 EL Olivenöl (+ Öl für die Form)
1 TL Ahornsirup (oder flüssiger Honig)
Salz, schwarzer Pfeffer
2 Knoblauchzehen
2 EL Tomatenketchup
2–3 EL Ajvar (scharfe Paprikapaste, aus dem türkischen Feinkostgeschäft oder gutsortierten Supermarkt)
Cayennepfeffer

• Zubereitungszeit: 25 Min.

Pro Person etwa: 1530 kJ/365 kcal

!

Der Snack bekommt einen exotischen Touch, wenn Sie statt Zitrone Limette verwenden und die Hähnchenflügel zusätzlich noch mit Zitronenblättern (aus dem Asienladen) anrichten.
Sie können die Hähnchenflügel auch im Backofen bei 250° in 15–20 Min. garen oder in einer großen Pfanne braten.

1

Den Backofengrill auf höchste Stufe oder den Umluftherd auf 200° vorheizen. Zitrone heiß waschen, abtrocknen und halbieren. Eine Hälfte in dünne Scheiben schneiden, die andere auspressen. Die Hähnchenflügel waschen und gut trockentupfen.

2

Olivenöl, 2 EL Zitronensaft, Ahornsirup, Salz und Pfeffer verrühren. Knoblauch schälen, 1 Zehe dazupressen. Hähnchenflügel mit der Marinade bestreichen. Eine flache feuerfeste Form einölen und Die Hähnchenflügel in die Form legen. Im Ofen auf der zweiten Schiene von unten in 14–16 Min. knusprig grillen, dabei einmal wenden.

3

Inzwischen übrigen Zitronensaft mit dem Tomatenketchup verrühren. Ajvar nach gewünschter Schärfe dazugeben. Den restlichen Knoblauch dazupressen. Die Creme mit Salz und Cayennepfeffer abschmecken.

4

Die Hähnchenflügel mit den Zitronenscheiben auf einer Platte anrichten und mit Paprikacreme servieren.

Möhren mit Kaviarschmand

Ein kleiner, außergewöhnlicher Imbiß, mit dem Sie ganz schnell fein raus sind.

Raffiniert

Zutaten für 2 Personen:
1 Bund Möhren (500 g)
1 1/2 EL Butter
1 TL Zucker
200 ml Gemüsebrühe
125 g Schmand (ersatzweise saure Sahne)
1 Gläschen Forellen-Kaviar (50 g)
3 Zweige Basilikum oder 1/2 Bund Petersilie
Salz, schwarzer Pfeffer

• Zubereitungszeit: 30 Min.

Pro Person etwa: 2220 kJ/340 kcal

!

Probieren Sie einmal folgende Varianten: Den Schmand statt mit Forellen-Kaviar mit 2 TL kleinen Kapern vermischen und leicht pfeffern. Oder die Möhren gegen Kohlrabischeiben austauschen.

1

Möhren waschen und schälen, das Grün auf 2 cm kürzen. 2 Stengel Möhrengrün beiseite legen. Dicke Möhren längs halbieren.

2

1 EL Butter in einer Pfanne erhitzen. Möhren darin bei mittlerer Hitze andünsten. Mit Zucker bestreuen und kurz karamelisieren lassen. Die Brühe dazugießen. Möhren zugedeckt bei schwacher Hitze je nach Dicke in 10–12 Min. bißfest garen.

3

Inzwischen den Schmand glattrühren und den Kaviar behutsam unterheben. Kräuter und Möhrengrün waschen, trockentupfen und ohne die groben Stiele fein hacken.

4

Die Brühe von den Möhren abgießen. Restliche Butter, die gehackten Kräuter und das Möhrengrün unter das Gemüse mischen. Möhren mit Salz und Pfeffer abschmecken und mit dem Schmand servieren.

Dazu schmecken Pellkartoffeln, Kartoffelpüree oder Nußbrot.

Ministeaks mit Erdnußsauce

Frischer Ingwer und Joghurt verleihen der Sauce sanfte Schärfe und Frische.

Macht kaum Arbeit

Zutaten für 2 Personen:
4 Minutensteaks vom Schwein
(je etwa 60 g)
Salz, schwarzer Pfeffer
Mehl zum Wenden
1 EL Butterschmalz
1 haselnußgroßes Stück frischer Ingwer
(ersatzweise 1/4 TL Ingwerpulver)
2 Frühlingszwiebeln
2 EL Erdnußcreme (aus dem Glas)
200 ml Fleischbrühe
2 EL Joghurt
Cayennepfeffer

- Zubereitungszeit: 20 Min.

Pro Person etwa: 1550 kJ/370 kcal

1

Das Fleisch trockentupfen. Salzen, pfeffern und im Mehl wenden. Butterschmalz in einer Pfanne erhitzen. Steaks darin von beiden Seiten kräftig anbraten. Aus der Pfanne nehmen und zugedeckt warm stellen.

2

Ingwer schälen und fein würfeln oder durch die Knoblauchpresse drücken (Seite 19). Frühlingszwiebeln waschen, putzen und in feine Ringe schneiden. Ingwer und das Weiße der Zwiebeln im Bratfett andünsten. Erdnußcreme und Brühe einrühren, aufkochen lassen. Joghurt unterrühren. Erdnußsauce mit Salz und Cayennepfeffer abschmecken. Die Steaks kurz in der Sauce erhitzen.

3

Steaks und Erdnußsauce auf Tellern anrichten und mit den grünen Frühlingszwiebelringen bestreuen.

Dazu passen (Schnellkoch-) Reis und Blattsalat.

!

Noch exotischer im Geschmack wird die Erdnußsauce, wenn Sie die Fleischbrühe gegen ungesüßte Kokosmilch (aus der Dose) austauschen und zusätzlich mit heller Sojasauce würzen.

Rindfleisch-Tacos

Ein typischer und inzwischen weltweit beliebter Knusper-Snack aus Mexiko.

Würzig

Zutaten für 2 Personen:
2–3 schöne Salatblätter
1 kleine rote Paprikaschote
1 kleine Zwiebel
1 Knoblauchzehe
2 EL Öl
150 g Hackfleisch vom Rind
2 EL Taco- oder Chili-Sauce
Salz, Cayennepfeffer
6 Taco-Schalen (Taco-Shells, Fertigprodukt)
2 kleine Tomaten
3 EL frisch geriebener Käse (z.B. Gouda, Emmentaler)

• Zubereitungszeit: 25 Min.

Pro Person etwa: 2180 kJ/520 kcal

!

Taco-Schalen werden aus Maismehl hergestellt. Es gibt sie in gutsortierten Supermärkten. Tacos können Sie mit allen erdenklichen Füllungen servieren.

1

Den Backofen auf 200° vorheizen. Salatblätter waschen, gut abtropfen lassen. Die Paprikaschote waschen, putzen und in kurze Streifen schneiden.

2

Zwiebel und Knoblauch schälen und fein hacken. Öl in einer Pfanne erhitzen, Zwiebel und Knoblauch darin andünsten. Hackfleisch hinzufügen, unter Rühren braun braten. Paprikastreifen untermischen und 1 Min. mitbraten. Taco- oder Chili-Sauce unterrühren. Das Hackfleisch mit Salz und Cayennepfeffer kräftig abschmecken. Zugedeckt beiseite stellen.

3

Taco-Schalen auf ein Backblech legen, in 4–5 Min. im heißen Ofen (Umluft 180°) knusprig werden lassen. Den Salat in feine Streifen schneiden. Tomaten waschen und klein würfeln, dabei die Stielansätze entfernen.

4

Die warmen Taco-Schalen mit Salatstreifen und Hackfleischmasse füllen. Obenauf Tomatenwürfel und Käse streuen. Tacos sofort servieren.

Austernpilze putzen

1 Frische Austernpilze nicht waschen, sondern die Hüte nur mit Küchenpapier sanft abreiben oder mit einem weichen Pinsel abbürsten.

2 Die Austernpilzhüte nicht zerschneiden. Lediglich die Stielenden abschneiden, sie werden leicht zäh.

Garnelen vorbereiten

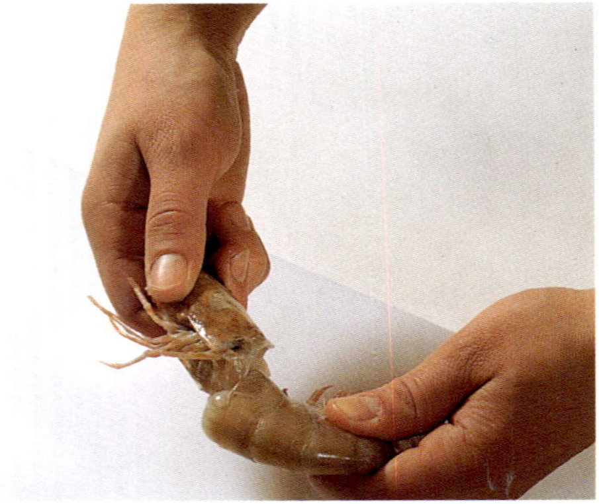

1 Zuerst den Kopf mit einer leichten Drehung aus der Schale ziehen. Dann mit den Fingern die einzelnen Schalenringe nacheinander, bis auf das Schwanzstück, ablösen.

2 Um den Darm zu entfernen, die Garnelen entweder am Rücken etwas einschneiden oder längs halbieren. Den dünnen dunklen Darm an einem Ende mit der Messerspitze an- und abheben.

Ingwer zerkleinern

1 Ingwer schälen, dabei holzige Stellen sorgfältig entfernen. Ingwer zuerst in dünne Scheiben, dann in feine Streifen und nach Belieben noch in kleine Würfel schneiden.

2 Wer beim Essen nicht auf Ingwerstückchen beißen mag, kann ganz frischen Ingwer auch nach dem Schälen grob würfeln und dann durch eine Knoblauchpresse drücken.

Zitronengras schneiden

1 Trockene und lose Hüllblätter von den Stengeln entfernen. Stengel kurz waschen. Den Wurzelansatz knapp abschneiden. Nur die zwiebelartig verdickten unteren Enden verwenden.

2 Die Enden zum Mitgaren in Eintöpfen, Suppen und Ragouts in größere Stücke teilen. Oder roh für Salate und Saucen in hauchfeine Scheiben schneiden oder sehr fein würfeln.

Garnelen-Suppe

Die Suppe ist nicht ganz preiswert, aber herrlich wohltuend und belebend.

Kalorienarm

Zutaten für 2 Personen:
1 Glas Fischfond (400 ml, ersatzweise l/2 l leichte Hühnerbrühe)
1 walnußgroßes Stück frischer Ingwer
1 Schalotte
1 kleine rote Chilischote (frisch oder getrocknet)
1 Stengel Zitronengras (ersatzweise 1 Stück unbehandelte Zitronenschale)
200 g rohe ungeschälte Garnelen
100 g Champignons
1 unbehandelte Limette (ersatzweise Zitrone)
3–4 Zweige Koriandergrün oder Petersilie
2–3 EL helle Sojasauce

- Zubereitungszeit: 20 Min.

Pro Person etwa: 1025 kJ/245 kcal

!

Wenn Sie tiefgekühlte Garnelen verwenden, sollten diese so weit angetaut sein, daß sie sich gut schälen und auch halbieren lassen.
Wenn Sie welche bekommen, kochen Sie in der Brühe noch 2 geviertelte Zitronenblätter mit, das gibt der Suppe zusätzlich Aroma und Frische.

1

Fischfond und 100 ml Wasser oder die Hühnerbrühe in einem Topf aufkochen.

2

Inzwischen Ingwer und Schalotte schälen, jeweils in dünne Scheiben schneiden. Frische Chilischote waschen, den Stiel entfernen. Zitronengras putzen und in etwa 3 cm lange Stücke schneiden (Seite 19). Alles in den Fond geben und zugedeckt bei mittlerer Hitze 10 Min. köcheln lassen

3

Inzwischen die Garnelen bis auf das Schwanzende aus den Schalen brechen. Jeweils längs halbieren, dabei den Darm entfernen (Seite 18). Champignons putzen und vierteln. Die Limette heiß waschen, abtrocknen und halbieren. Eine Hälfte in dünne Scheiben schneiden, die andere auspressen. Koriandergrün oder Petersilie waschen und die Blättchen abzupfen.

4

Garnelen, Pilze, Limettenscheiben und 2 EL Sojasauce in die Brühe geben, noch 2–3 Min. sanft mitköcheln lassen, bis die Garnelen gerade gar sind. Mit Limettensaft und Sojasauce leicht säuerlich abschmecken und mit Kräuterblättchen bestreuen. Zitronengras, Chilischote und Limettenscheiben werden in der Suppe mitserviert, aber nicht mitgegessen.

Putenschnitzel mit Orangengemüse

Die feine Säure der Orange verträgt sich gut mit dem süßlichen Möhrenaroma.

Raffiniert

Zutaten für 2 Personen:
250 g Möhren
1 kleine Stange Staudensellerie
1 kleine Zwiebel
1 EL Butter
150 ml Hühnerbrühe
2 EL Zitronensaft
1/4 TL gemahlener Koriander
1 Prise Zucker
1 Orange
2 Putenschnitzel (je 120–150 g)
schwarzer Pfeffer
2 EL Öl
Salz
1/2 Bund Petersilie
1 TL Sesamsaat

• Zubereitungszeit: 30 Min.

Pro Person etwa: 2220 kJ/530 kcal

!

Das Gemüse schmeckt auch ausgezeichnet zu Rindersteak und gebratenem Fisch.

1

Möhren und Sellerie putzen. Möhren schälen und klein würfeln, Sellerie waschen und in dünne Scheiben schneiden. Zwiebel schälen und hacken. Die Butter erhitzen und das Gemüse darin bei mittlerer Hitze andünsten. Brühe, Zitronensaft, Koriander und Zucker dazugeben. Das Gemüse zugedeckt 15 Min. bei schwacher Hitze köcheln lassen.

2

Inzwischen die Orange großzügig schälen, die Filets zwischen den Häutchen herausschneiden und den dabei austretenden Saft auffangen.

3

Putenschnitzel trockentupfen und rundherum pfeffern. Das Öl in einer Pfanne erhitzen, die Schnitzel darin von jeder Seite 3–4 Min. braten. Salzen und zugedeckt warm stellen.

4

Petersilie waschen, trockentupfen und ohne die groben Stiele in Streifen schneiden. Orangenfilets, aufgefangenen Saft und Petersilie zum Gemüse geben, kurz darin erwärmen und abschmecken. Schnitzel schräg in Scheiben schneiden, mit Sesam bestreuen und mit dem Gemüse anrichten.

Dazu Stangenweißbrot, Schnellkochreis oder breite Bandnudeln servieren.

Rotbarschfilet mit Gemüse-Salsa

Dieses Gericht besticht durch seine schlichte Raffinesse.

Schmeckt nur ganz frisch

Zutaten für 2 Personen:
2 Rotbarschfilets (je 120–150 g, frisch oder tiefgekühlt)
je 1 kleine gelbe und rote Paprikaschote
1 kleiner Zucchino (etwa 100 g)
2 EL Olivenöl
50 ml Gemüsebrühe
1 Zweig Thymian
2 Zweige Basilikum
Salz, schwarzer Pfeffer
2–3 EL Zitronensaft
2 EL Öl

- Zubereitungszeit: 25 Min.

Pro Person etwa: 1535 kJ/365 kcal

1

Tiefgekühlte Fischfilets antauen lassen. Paprikaschoten und Zucchino putzen, waschen und sehr fein würfeln. Olivenöl in einem Topf erhitzen, Gemüse darin kurz anbraten. Brühe angießen. Das Gemüse zugedeckt bei mittlerer Hitze in 3 Min. bißfest garen.

2

Inzwischen den Thymian waschen und trockenschwenken. Basilikum behutsam waschen, Blättchen abzupfen, trockentupfen und in Streifen schneiden.

3

Den Topf mit dem Gemüse vom Herd ziehen, Basilikum unterrühren. Mit Salz, Pfeffer und Zitronensaft leicht säuerlich abschmecken.

4

Frisches oder angetautes Fischfilet trockentupfen. Öl in einer beschichteten Pfanne mittelstark erhitzen. Thymian dazugeben. Frische Fischfilets in der Pfanne von jeder Seite 2–3 Min. braten, angetaute 5–7 Min. Die Filets salzen, pfeffern und mit der lauwarmen Gemüse-Salsa auf Tellern anrichten.

!

Das Fischfilet können Sie beliebig austauschen. Greifen Sie ruhig zu, wenn es statt Rotbarsch Kabeljau, Viktoriabarsch oder Zander gibt.

Gemüsecurry

Für diese Zubereitung eignet sich der Wok ganz besonders gut.

Scharf

Zutaten für 2 Personen:
500 g frisches gemischtes Gemüse (nach Saison und Angebot, z. B. Zucchini, grüne Bohnen, gelbe Paprika, Brokkoli)
1 Zwiebel
1–2 Knoblauchzehen
2 EL Öl
200 ml ungesüßte Kokosmilch (aus der Dose)
3 TL Currypaste
100 ml Gemüsebrühe
1/2 TL Zucker
2 EL (am besten helle) Sojasauce
Salz
1 Bund Thai-Basilikum oder Koriandergrün (ersatzweise Petersilie)

• Zubereitungszeit: 30 Min.

Pro Person etwa: 1130 kJ/270 kcal

!

Currypaste, Kokosmilch, Koriandergrün oder Thai-Basilikum bekommen Sie im Asienladen. Mit diesen Zutaten können Sie auf gleiche Weise auch mundgerechte Stücke von Fleisch und Fisch garen.

1

Das Gemüse je nach Sorte waschen oder schälen, putzen und in dekorative, mundgerechte Stücke schneiden. Die Zwiebel und den Knoblauch schälen, beides fein hacken.

2

Öl im Wok oder in einer großen Pfanne erhitzen. Zwiebel und Knoblauch darin andünsten. 1/2 Tasse Kokosmilch und die Currypaste einrühren und unter Rühren köcheln lassen, bis sich das Öl an der Oberfläche absetzt.

3

Restliche Kokosmilch, Brühe, Zucker und Sojasauce dazugeben. Das Gemüse hinzufügen, bei mittlerer Hitze unter Rühren in der Currysauce so lange garen, bis es weich ist, aber noch Biß hat. Falls Sie Tomaten mitgaren wollen, diese erst zum Schluß unterrühren.

4

Gemüsecurry mit Salz abschmecken. Kräuter waschen, trockenschütteln, die Blättchen abzupfen und unterheben.

Am besten schmeckt dazu thailändischer Duftreis oder Basmatireis.

Lachs-Pizza

Ein ungewöhnlicher Belag, mit dem Sie auch verwöhnte Genießer überraschen.

Raffiniert

Zutaten für 2 Personen:
2 Frühlingszwiebeln
150 g passierte Tomaten mit Kräutern (Fertigprodukt)
2 TL kleine Kapern
1/2 Kugel Mozzarella (etwa 60 g)
1 frischer Pizzateig (für 2 Personen, gerollt, aus der Kühltheke)
schwarzer Pfeffer
2 TL kaltgepreßtes Olivenöl
4 kleine Cocktailtomaten
75 g Räucherlachs in Scheiben
1 EL cremige saure Sahne (ersatzweise Crème fraîche)
1 TL Zitronensaft
2–3 Zweige Basilikum

• Zubereitungszeit: 30 Min.

Pro Person etwa: 2130 kJ/510 kcal

!

Das sollten Sie unbedingt beachten: Beim Vorheizen das Backblech mit in den Ofen schieben.

1

Backofen samt Backblech auf 250° vorheizen. Frühlingszwiebeln waschen, putzen und in dünne Ringe schneiden. Passierte Tomaten mit den weißen Teilen der Zwiebeln und den Kapern vermischen. Mozzarella würfeln.

2

Den Pizzaboden aus dem Paket nehmen und mit dem Papier auf der Arbeitsfläche ausrollen. Tomatenmischung, Zwiebelgrün und Käse darauf verteilen. Pfeffern und mit Öl beträufeln.

3

Pizzaboden mit Papier vorsichtig auf das heiße Backblech legen, im Ofen (Umluft 220°) 12–15 Min. backen.

4

Inzwischen die Tomaten waschen und halbieren. Den Lachs in zweifingerbreite Streifen schneiden. Saure Sahne und Zitronensaft verrühren. Basilikum waschen, Blättchen von den Stielen zupfen, größere teilen.

5

Pizza aus dem Ofen nehmen. Lachs, Tomaten und Basilikum dekorativ darauf arrangieren. Saure Sahne auf den Lachs träufeln. Die Pizza in Stücke schneiden und sofort servieren.

Spaghetti mit Zuckerschoten

Das kräftige Aroma des Gorgonzolas paßt gut zu den zarten Zuckerschoten.

Klassiker auf neue Art

Zutaten für 2 Personen:
250 g Spaghetti
Salz
100 g Zuckerschoten
1 EL Crème fraîche
1/8 l Gemüsebrühe
75 g Gorgonzola
schwarzer Pfeffer
2 EL Pinienkerne

• Zubereitungszeit: 20 Min.

Pro Person etwa: 2945 kJ/680 kcal

1

Reichlich Wasser aufkochen. Spaghetti darin nach Packungsangabe al dente kochen. In einem zweiten Topf 1/2 Liter Salzwasser aufkochen.

2

Inzwischen die Zuckerschoten waschen, putzen und in dem kochendem Salzwasser in 2 Min. bißfest garen. Kalt abschrecken und gut abtropfen lassen.

3

Crème fraîche, Brühe und Gorgonzola in einem Topf verrühren, aufkochen und unter Rühren zu einer cremigen Sauce einköcheln lassen. Mit Salz und Pfeffer abschmecken. Zuckerschoten in der Sauce erwärmen. Die Pinienkerne in einer Pfanne ohne Fett anrösten.

4

Spaghetti in ein Sieb abgießen. Mit der Sauce auf Tellern anrichten und mit den Pinienkernen bestreuen.

!

Statt mit Spaghetti können Sie dieses Gericht auch mit frischer Pasta (aus dem Kühlregal) wie beispielsweise Tagliatelle oder Tagliolini zubereiten. Dann bitte beachten, daß frische Pasta eine wesentlich kürzere Kochzeit hat.
Die Zuckerschoten können Sie gut gegen tiefgekühlte Erbsen austauschen.

Kartoffel-Tortilla

Die Tortilla schmeckt auch kalt – als kleine Mahlzeit im Büro.

Preiswert

Zutaten für 2 Personen:
350 g Kartoffeln
1 Bund Frühlingszwiebeln
3 Eier
100 ml Milch
Salz, schwarzer Pfeffer
3 EL Olivenöl
2 EL frisch geriebener Käse (z. B. Gouda oder Greyerzer)

• Zubereitungszeit: 30 Min.

Pro Person etwa: 2010 kJ/480 kcal

1

Die Kartoffeln waschen, schälen und in 2 mm dicke Scheiben hobeln. Mit einem Küchentuch gut trockentupfen.

2

Frühlingszwiebeln waschen, putzen und in Scheibchen schneiden. Eier und Milch verquirlen. Mit Salz und Pfeffer kräftig würzen.

3

Olivenöl in einer beschichteten Pfanne (20–22 cm Ø) erhitzen. Die Kartoffelscheiben darin bei mittlerer Hitze unter gelegentlichem Wenden in 4 Min. goldgelb braten. Anschließend die Hitze reduzieren. Die Kartoffelscheiben leicht salzen und pfeffern.

4

Frühlingszwiebeln unterheben, noch kurz mitbraten. Die Eiermilch über die Kartoffeln gießen. Das Ganze zugedeckt bei schwacher Hitze 11–15 Min. garen, bis die Eiermilch gestockt ist und die Kartoffeln weich sind. Tortilla mit Käse bestreuen und sofort servieren.

Gut schmeckt die Tortilla auch, wenn Sie noch fein gewürfelten Speck oder feine Paprikastreifen mitbraten.

!

Für die Tortilla am besten vorwiegend festkochende Kartoffelsorten wie Agria, Désirée, Grata oder Quarta verwenden.

WMF
GOURMET GERMANY

Tortillas selber backen

1 100 g Weizenmehl (Type 405) mit 1/2 TL Salz, 1 EL weicher Butter (25 g) und 2–3 EL lauwarmem Wasser zu einem Teig verkneten. Diesen 30 Min. in einer Plastiktüte ruhen lassen.

2 Den Teig in 4 gleich große Portionen teilen. Jede Portion zu einer Kugel formen und auf einer leicht bemehlten Arbeitsfläche zu einem dünnen Fladen von 18–20 cm Ø ausrollen.

3 Fladen in einer beschichteten Pfanne ohne Fett auf jeder Seite in 1–2 Min. goldbraun backen. Wenn sich der Teig bläht, Fladen sanft auf den Pfannenboden drücken.

4 Zum Füllen zunächst die fertigen Tortillas einzeln zwischen Pergamentpapier legen, dann kurz in ein feuchtes Küchentuch einschlagen, damit sie weich und formbar werden.